千万别去当海盗

千万别去当海盗

〔美〕梅林达·朗　文　　〔美〕大卫·夏农　图

任溶溶　译

南海出版公司

海盗只要有牙齿，他们的牙齿就都是绿色的。关于海盗的事，我太有数了。因为有一天，我正独自在海滩上用沙子堆城堡，忽然看到一艘海盗船开过来了。

我一看就知道那是海盗船，因为它的旗子上有一个骷髅头和两根交叉的骨头。我还听到那些海盗在唱："嗨嗬，摆平他！"

他们唱得有点走调。

　　我想告诉爸爸，可是他只顾着鼓捣那顶大遮阳伞。我想告诉妈妈，可是她正忙着给我那吃奶的小妹妹抹防晒霜。

　　于是我一边继续堆我的城堡，一边偷偷留意着那些海盗。他们正划着小艇往海滩这儿来。

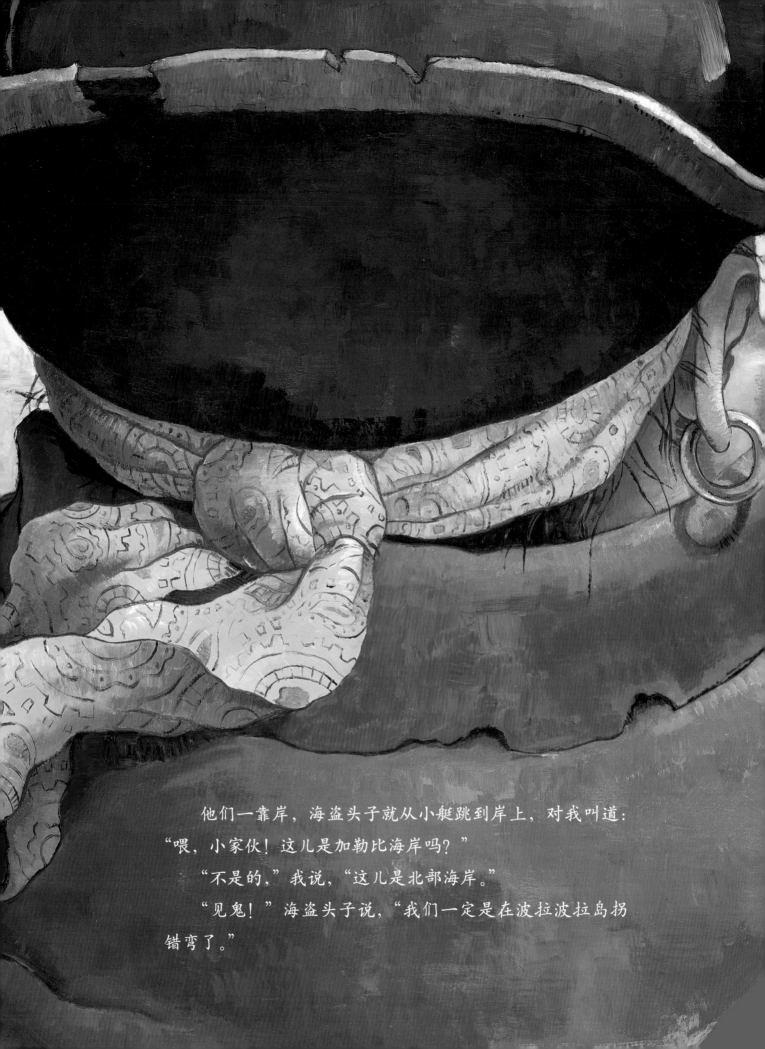

他们一靠岸，海盗头子就从小艇跳到岸上，对我叫道：
"喂，小家伙！这儿是加勒比海岸吗？"
"不是的，"我说，"这儿是北部海岸。"
"见鬼！"海盗头子说，"我们一定是在波拉波拉岛拐
错弯了。"

他绕着我堆的城堡打转，看我挖的壕沟，突然一下子回过头，对他那些手下大叫："他会掘地，没错，而且是个好手！"

"是个好手！"

他的手下附和说。

"你叫什么名字啊，小家伙？"海盗头子问我。

"先生，我叫杰里米·雅各布。"我回答说。

"杰里米·雅各布，"他说，"站在你面前的，是小辫胡子爷和他的手下。我们有一箱财宝要埋起来，正好需要一个像你这样的掘地帮手。"

"没错！一箱财宝！"

他的手下大叫。

"你跟我们走吧！"小辫胡子爷对我说。

我想，只要我明天能及时回来练足球，爸爸妈妈不会有意见的。

就这样，我当上了海盗。

一上大船，小辫胡子爷就把那一大箱黄金珠宝指给我看。

"得找个可靠的地方把这箱财宝埋起来。我们该出发了！"他下令。

"该出发了！"

其他海盗大叫。

于是，我们就开船出发了。

船上要做的事情很多。海盗们教我唱水手的劳动号子——唱得越响越好。他们教我说"旱鸭子"、"癞皮狗"这些真正的海盗话。到吃晚饭时候，我已经是一口地道的海盗腔。

我还学会了海盗的气派。小辫胡子爷在桌子上狠狠砸一拳，叫道："干杯，弟兄们！"

"干杯！"

我们全都跟着喊。

小辫胡子爷大啃大嚼他的食物，说："拿肉来！"

我们全都大叫：

"拿肉来！"

没有人要求我们把菠菜吃光（根本没有菠菜），或者把胡萝卜吃光（海盗船上不许有胡萝卜）。我们说话时满嘴食物。没有人说"请"或者"谢谢"。

吃过晚饭，我教海盗们踢足球。小辫胡子爷一边踢球一边
叫："好啊！足球！"

"好啊！足球！"

海盗们大叫。

所有人一起向足球扑去，可足球滚出了甲板。

"去追，弟兄们！"小辫胡子爷吩咐。

"去追？" 我们全都悄悄说。

到底该谁去拾球，我们吵了起来。可是很快就不用追了，
因为一条鲨鱼正好游过，把足球一口吞了下去。足球也就踢不
成了。

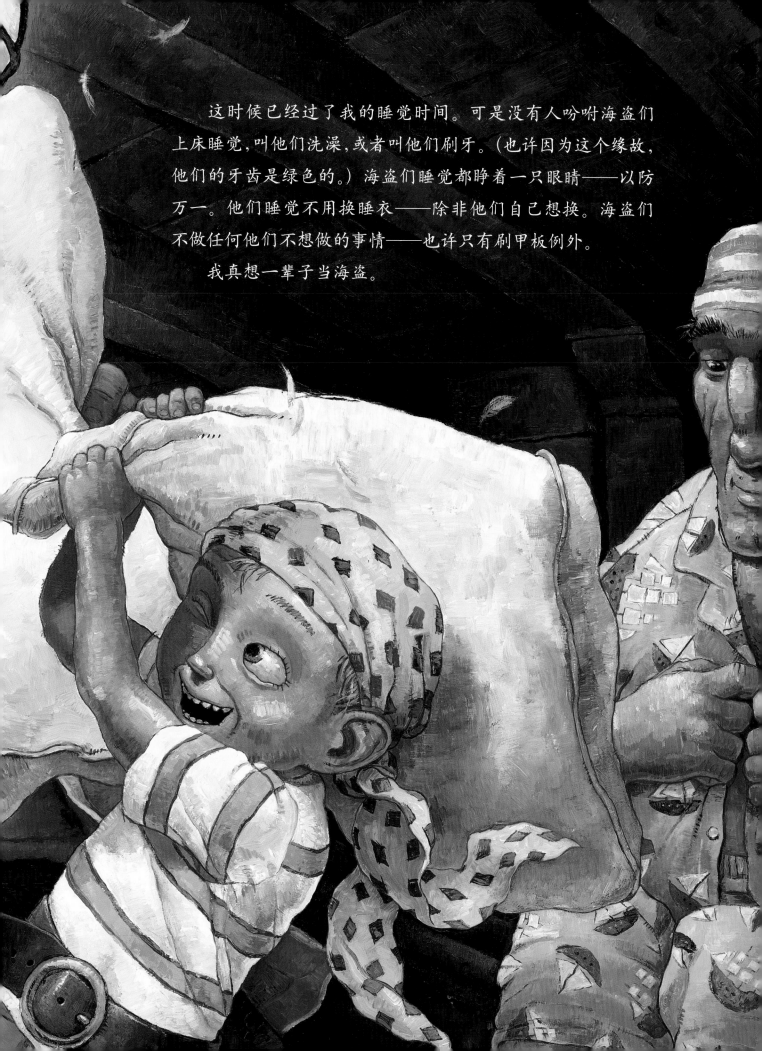

这时候已经过了我的睡觉时间。可是没有人吩咐海盗们上床睡觉，叫他们洗澡，或者叫他们刷牙。（也许因为这个缘故，他们的牙齿是绿色的。）海盗们睡觉都睁着一只眼睛——以防万一。他们睡觉不用换睡衣——除非他们自己想换。海盗们不做任何他们不想做的事情——也许只有刷甲板例外。

我真想一辈子当海盗。

不过接下来，我发现了更多他们不做的事。

等到我困得再也撑不下去时，我求小辫胡子爷让我上床，给我塞好被子，再给我念一个睡前故事。

"给你塞好被子？"他哇哇大叫，"海盗从来不给人塞被子。"

"不塞被子！"

其他海盗大叫。

而且他们不读书，只读地图。

"你们没有书吗？"我问道。

小辫胡子爷听了，莫名其妙地问："什么书？"

我就更别指望他会在睡前给我一个晚安吻。

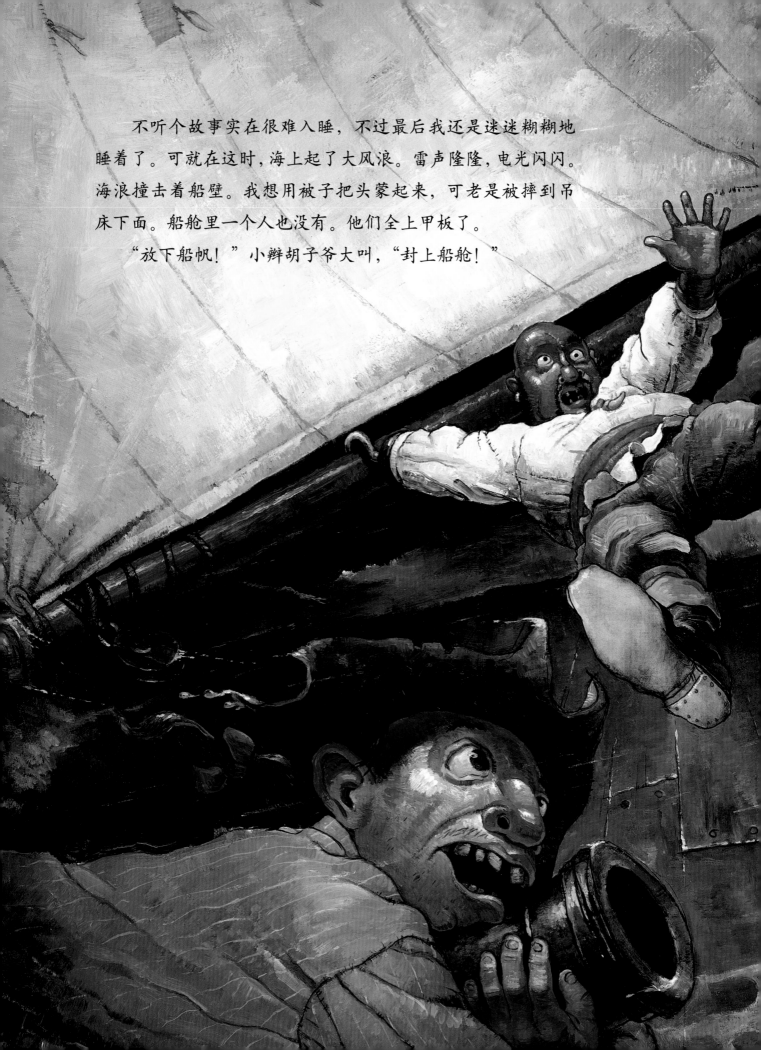

　　不听个故事实在很难入睡，不过最后我还是迷迷糊糊地睡着了。可就在这时，海上起了大风浪。雷声隆隆，电光闪闪。海浪撞击着船壁。我想用被子把头蒙起来，可老是被摔到吊床下面。船舱里一个人也没有。他们全上甲板了。

　　"放下船帆！"小辫胡子爷大叫，"封上船舱！"

所有人都在大喊大叫，东奔西跑。他们放下船帆，封上
船舱。没人有工夫坐到我身边来安慰我，说风浪很快会过去，
一切都会平静下来的。甚至没有人想到我。

我立刻决定，我还是不当海盗了。

就在这时——电光一闪！劈啪！哗啦！——闪电击中了船桅，把它劈成了两截。

"我们现在怎么办？"一个海盗大叫。

"我们得掉头回去了！"另一个海盗大喊。

"那么，这箱财宝怎么办？"小辫胡子爷哇哇嚷道，"我们把它埋到哪儿去？"

我上前一步。"也许我能帮上忙！"我叫得比风声还响，"我知道一个藏宝的好地方！"

风浪过后，我们划着小艇回到岸上，把那箱财宝埋了起来。我们画了一张地图，以后好按照地图找到那箱财宝，不过我想我用不着它。

接下来，海盗们把船修好，准备走了。临走时，小辫胡子爷给我一面旗子，说："当一名好海盗，杰里米·雅各布。好好守卫那箱财宝。我们很快会来取走它的。"

"很快！"

海盗们跟着说了一遍。

"你要是什么时候用得着我们，"小辫胡子爷加上一句，"就把这面骷髅旗升到那边的旗杆上。"

"升到旗杆上！"

海盗们大叫。

也许我会的，可不是今天……

我得去练足球了。

献给我的兄弟马克，我们曾经共度过许多玩冒险游戏的时光；献给爱他的盖尔；特别要献给塞缪尔·杰斯——我们海盗家族中的最新成员。

——梅林达·朗

为亚当和利齐干杯——他们俩很有海盗气！

——大卫·夏农

图书在版编目(CIP)数据

千万别去当海盗／〔美〕朗编文，〔美〕夏农绘；任溶溶译.-海口：南海出版公司，2010.10
ISBN 978-7-5442-4128-1

Ⅰ.千… Ⅱ.①朗…②夏…③任… Ⅲ.图画故事-美国-现代 Ⅳ.I712.85

中国版本图书馆CIP数据核字(2009)第014336号

著作权合同登记号 图字：30-2008-098

HOW I BECAME A PIRATE by Melinda Long and illustrated by David Shannon
Text copyright © 2003 by Melinda Long
Illustrations copyright © 2003 by David Shannon
Published by arrangement with Harcourt, Inc.
Chinese Simplified translation copyright © 2010 by ThinKingdom Media Group Ltd.
All rights reserved.

千万别去当海盗
〔美〕梅林达·朗 文 大卫·夏农 图
任溶溶 译

出　版　南海出版公司　(0898)66568511
　　　　　海口市海秀中路51号星华大厦五楼　邮编570206
发　行　新经典文化有限公司
　　　　　电话(010)68423599　邮箱 editor@readinglife.com
经　销　新华书店

责任编辑　李　昕　印姗姗
特邀编辑　安　宁
内文制作　杨兴艳

印　刷　北京国彩印刷有限公司
开　本　889毫米×1194毫米　1/16
印　张　2.75
字　数　6千
版　次　2010年10月第1版
印　次　2010年10月第1次印刷
书　号　ISBN 978-7-5442-4128-1
定　价　28.00元